重庆市出版专项资金资助项目

小学数学文化丛书

丛书主编　宋乃庆

环境与数学

HUANJING YU SHUXUE

本册主编　宋乃庆　陈祥彬

西南师範大學出版社
国家一级出版社　全国百佳图书出版单位

图书在版编目(CIP)数据

环境与数学 / 宋乃庆主编. -- 重庆 : 西南师范大学出版社, 2014.8(2021.9 重印)
(小学数学文化)
ISBN 978-7-5621-7057-0

Ⅰ. ①环… Ⅱ. ①宋… Ⅲ. ①小学数学课－课外读物 Ⅳ. ①G624.503

中国版本图书馆 CIP 数据核字(2014)第 201388 号

小学数学文化丛书
丛书主编 宋乃庆

环境与数学

本册主编 宋乃庆 陈祥彬

责任编辑:吴 欢 秦 路
装帧设计:野生绘画设计工作室 熊艳红
插 图:河北冠林数字出版有限公司
排 版:江礼群
出版发行:西南师范大学出版社
印 刷:重庆康豪彩印有限公司
幅面尺寸:170 mm×240 mm
印 张:6
字 数:63 千字
版 次:2014 年 8 月 第 1 版
印 次:2021 年 9 月 第 10 次印刷
书 号:ISBN 978-7-5621-7057-0

定 价:18.00 元

前言 / QIANYAN

数学文化可以说是数学知识、数学精神、数学思想、思维方式等文明的总和。《义务教育数学课程标准(2011年版)》明确要求数学文化作为教材的组成部分,应渗透在整套教材中。小学教育中渗透数学文化的主要方式有教材、课堂教学、课外活动、网络资源等。目前,我国多个版本的小学数学新教材都编写有数学文化内容,但是篇幅小,内容的广度和深度都很有限。同时,在课堂教学、课外活动中,缺乏专门的数学文化读物。为此,我们组建了一支由高校专家学者、教研员、一线优秀教师、博士及硕士研究生构成的研究团队,精心编写了这套"小学数学文化"丛书。

丛书按专题分成10个分册:《历史与数学》《数学家与数学》《艺术与数学》《游戏与数学》《生活与数学》《科学与数学》《自然与数学》《环境与数学》《经济与数学》《健康与数学》。丛书的内容由数学博士、机器人和妮妮、天天、波波串联起一个个生动且熟悉的故事构成。

丛书主要编写特点:

1. 是深入浅出的数学类科普读物,丛书将深奥的数学内容转化为生动有趣的故事,旨在为小学生自学提供蓝本,为家长辅导提供参考,为教师辅助教学提供支撑。

2. 图文并茂,以彩色连环画的形式呈现,语言通俗易懂,富有童趣,符合小学生的心理认知特点。

3. 丛书内容与小学数学教材联系密切,注重对数学内涵、数学方法、数学思想等的挖掘,是对教材中相关内容的拓展和延伸。

数学文化对学生的数学学习有积极的促进作用,丛书重在增强学生学习数学的兴趣,帮助小学生理解数学内涵,开拓视野,提高数学素养。丛书受到刘应明院士、张奠宙教授、郑毓信教授、李文林研究员、周玉仁教授等著名数学家、数学教育家、数学史家的高度评价,被评为"重庆市优秀科普图书"。以丛书为基础,"小学数学文化的编写与实践探索"已立项为重庆市教育科学规划重大课题。

目前,该套丛书正在多所小学实验使用,我们期盼,这套丛书在推进小学素质教育活动中能发挥积极的作用,并促进小学生在数学学习上的发展。

编者

写给小朋友的话 / XIEGEI XIAOPENGYOU DE HUA

小朋友，我们的生活离不开环境，环境中的山坡河流、花草树木、空气雨水与我们息息相关，良好的自然环境、生态环境和生活环境是我们健康生活和人类可持续发展的基本保证。我们的环境不但需要我们去了解，更需要每个人自觉去保护。

数学具有广泛的应用性，它与人类的生存环境具有密切的联系，将数学与现实环境结合起来，用数学的眼光去观察、解读环境中的问题，不但有助于我们深入了解环境状况，感受生存环境的喜与忧，而且有助于我们体会数学知识与方法在现实生活中的广泛应用，感悟数学的价值。

本书通过一个个大家喜欢的环境故事，将环境与数学紧密联系起来。故事中勤于思考的天天、波波、妮妮和具有广博数学智慧的博士、机器人，将与你们一起周游世界，遨游海洋，观察自然，感受环境。在这些故事中，你既可感受到自然环境、生态环境及生活环境的优美与舒适，也能体会到环境破坏给人类的生存与发展带来的威胁；既可以感受到环境中蕴含的大量数学问题，也有机会应用数学知识、方法、思想去解决环境中的实际问题。因此，通过该书的阅读，有助于你增强环保意识，提升数学素养，拓展认识视野。

小朋友，开始阅读吧，祝你在阅读中感受环境旅行的乐趣，领略数学的魅力！

宋乃庆　　陈祥彬

人物介绍 / RENWU JIESHAO

博士

男，酷爱数学，有非常渊博的知识，一说起数学故事就会非常兴奋和滔滔不绝，是孩子们的好朋友。

机器人

万事通，博士的得力助手，经常提出一些引人深思的问题，小朋友们都很喜欢他。

天天

男，喜欢动手做实验，喜欢玩耍，爱思考，经常提很多的问题。

波波

男，活泼好动，爱动脑筋，有时候会很淘气，爱观察，喜欢听博士讲故事。

妮妮

女，情感丰富，性格乖巧，爱看书，不懂就问。

目录 /MULU

1 保护我们的陆地家园

从太空看地球，地球近似一个球形，在更远处看就是一个点了。
蓝色的是海洋，绿色的是陆地，地球上海洋的面积是陆地的几倍？
陆地面积约占地球总面积的29%，海洋面积大约是陆地面积的2.4倍。

地球上陆地面积是多少？
陆地29%
海洋71%
地球海洋、陆地面积统计图
地球表面积约为5.1亿平方千米，可不可以算一算？
我会算。陆地面积为：5.1×29%，约是1.48亿平方千米。

地球上陆地面积不到地球表面积的$\frac{1}{3}$，不到海洋面积的$\frac{1}{2}$。陆地中耕地十分有限。

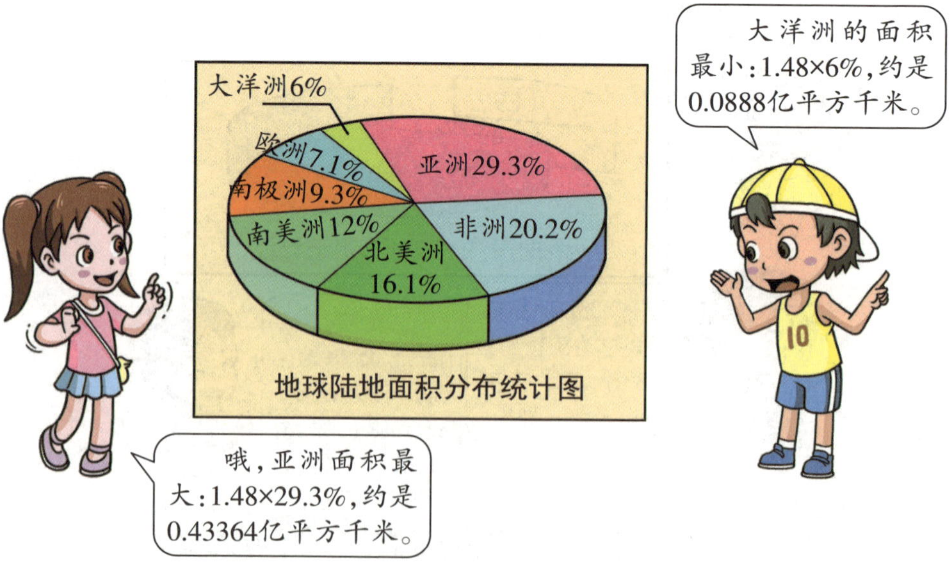

地球陆地面积分布统计图

七大洲的森林面积、人口、气候特征等差别很大。

洲　名	森林面积（亿公顷）	人口（亿）	气候特征
亚洲	5.0	32.29	气候类型复杂多样，季风气候典型，范围广，大陆性气候显著，干旱范围广。
北美洲	6.77	4.32	温带大陆性气候占优势，冬寒夏热，全年气温差异较大，降水量较适中，集中于夏季。
南美洲	7.33	3.02	以热带气候类型为主，温暖湿润，冬无严寒，夏无酷暑。
非洲	5.2	6.62	气温高，有“热带大陆”之称，有大面积的干旱少雨区。
大洋洲	0.9	0.27	普遍暖热，降水量呈半环状分布，干旱面积大。
欧洲	9.3	7.23	海洋性显著，温带气候占绝对优势。
南极洲	—	—	严寒的冰原气候，风速很大，全年平均气温低于0℃。

注：表内为2008年数据。

我们居住的亚洲面积约4400万平方千米，横跨经度164°，东西时差达10时，纵跨纬度90°，南北半球都有它的“领地”。

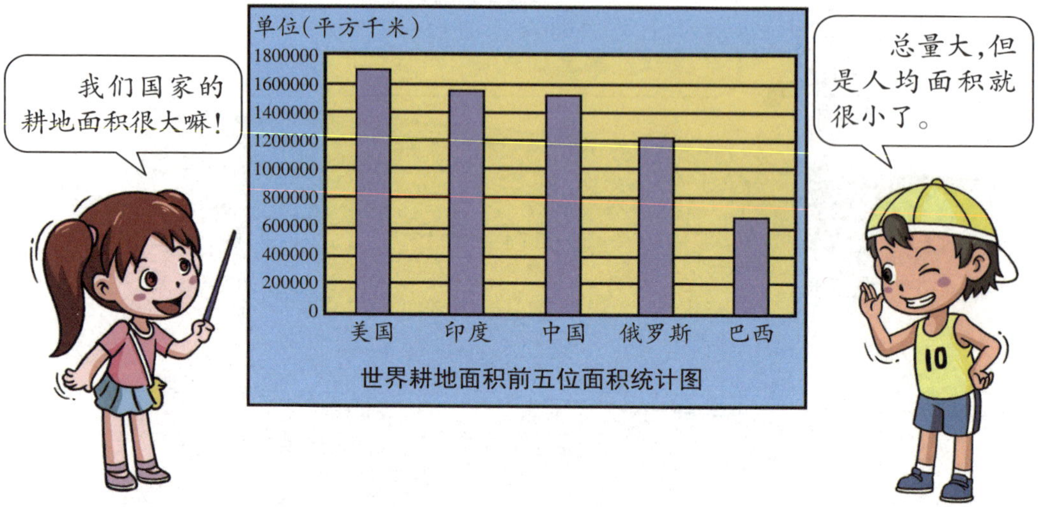

2009年全国土地调查数据显示，我国人均耕地面积约为1.52亩，不到世界人均耕地面积3.38亩的一半。(1亩约等于667平方米)

为了保护耕地，防止水土流失，国家颁布了一系列法律法规，采取了许多措施，如退耕还林、防止水土流失、兴修农田水利、减少土壤污染等，优化土地环境，保住我国18亿亩耕地的红线。

拓展与应用

1. 有人说非洲的面积大约是0.3亿平方千米，根据前面的“地球陆地面积分布统计图”，想想这个人说得对吗？

2. 小朋友，说一说哪些人类活动可能导致地球陆地面积减少。

3. 公元前200多年，古希腊学者埃拉托色尼首次用测量的方法推算出了地球的周长。你知道他是怎么测出来的吗？

两地的距离为800千米，也就是7.2°所对应的圆弧长800千米。
7.2°相当于周角的$\frac{1}{50}$，$800 \div \frac{1}{50} = 40000$。埃拉托色尼求得地球的周长约等于40000千米。
800千米
阿斯旺
亚历山大

2 美丽的南极和北极

考你们一个问题：北极熊吃肉，为什么不吃企鹅？
我知道，因为北极熊在北极，而企鹅在南极。
南极、北极在哪儿呀？

南极好美哟，我好想去看看！

南极在地球的最南方，面积1390万平方千米，约占地球陆地面积的$\frac{1}{10}$，大约是我国陆地面积的1.5倍。

寒极、风极、白色沙漠和冰雪世界是南极气候的四大特点。

南极也是地球上最干燥、最洁净的大陆，在地球任何地方都感受不到那么纯净的空气。

南极年平均气温-50℃，1983年7月20日，苏联的“东方”站记录到的南极最低气温为-89.2℃。
12级台风的风速可达32.6米/秒，南极最大风速可达80~100米/秒，能轻而易举地把200多千克重的大冰块抛到几千米以外。
南极全洲年平均降水量仅为55毫米，有些地方年降水量仅几毫米，是全球最干燥的地方之一。
南极还有什么呢？

南极的企鹅总数约1.2亿只，占全球企鹅总数的87%。
根据这些信息你发现了什么数学问题？
企鹅为什么适合在这种环境中生存呢？
全世界有34种海豹，南极地区虽然只有6种海豹，数量却有3200万头，占世界海豹总数的90%。
全世界大约有多少亿只企鹅？

南极和北极的夜空，时常可以看到这种五颜六色的极光，这就是南极光和北极光。
咦，这是什么？好漂亮哟！

北极的气候很严酷，年平均气温-18℃，1月份的平均气温为-40℃~-20℃，即便是在盛夏的8月，这里的平均气温最高也只能达到-8℃。
℃
30
0
30
看来北极也很漂亮，我们去看一看。
10
北极实际是一个冰川覆盖的海洋。冬季北冰洋73%的面积被冰覆盖，表面的海冰总在不停地漂移、裂解与融化。
北冰洋的冬季从11月起至次年4月，长达6个月。5、6月和9、10月分属春季和秋季，夏季则仅限于7、8两个月。每年3月21日前后，从北极看太阳全天不落，一天24时都在白昼中，这就是极昼；而到了9月23日前后，北极进入了黑夜，这就是极夜。北极一年极昼时间长达191天，极夜174天。
这种现象与南极正好相反哟。

北极熊的寿命大约是25年。海象的寿命是北极熊的1.6倍，海狮的寿命是海象的$\frac{3}{4}$，海狮的寿命是多少年？
$25\times1.6\times\frac{3}{4}=30$（年）
这座北极冰山水下与水上的体积比是9:1，冰化成水后体积减小$\frac{1}{11}$。
冰川融化了，我们到哪儿去生活呢？
将这座冰山看作圆柱，那这座冰山化成水后体积约是多少？
50米
冰山的水上体积：$3.14\times(200\div2)^2\times50=157$（万立方米）
冰山的总体积：$157\times(1+9)=1570$（万立方米）
冰山化成水后的体积：$1570\times(1-\frac{1}{11})\approx1427$（万立方米）
200米

拓展与应用

1. 北极和南极还有哪些动物、资源，请搜集有关数据进行统计。

2. 南极、北极气候那样酷寒，为什么企鹅、北极熊等动物还能在那里繁衍生息？请搜集有关资料。

参考答案

1. 保护我们的陆地家园

1. 这个人说得对。

3 遨游蓝色海洋

哇，海洋风光好漂亮啊！
地球上，海洋面积约3.62亿平方千米，大约是陆地面积的2.4倍。
是啊，海洋不但风光漂亮，而且十分广阔。

海洋是“海”和“洋”的总称，人们一般把远离陆地的大面积水域称为“洋”，大陆边缘的水域称为“海”。

快！海洋这么辽阔，这么漂亮，我们乘船去畅游吧！
太好了，我也要去！
海洋对人类有什么用呢？

海洋对人类生存环境有巨大的作用，是地球气候的“调节器”，是人类生存的“资源库”。

海洋通过洋流运动交换热量，调节气温，影响地球气候。
难怪海边或海岛国家的空气那样好哟！
1立方厘米的海水温度降低1℃放出的热量，可使3000多立方厘米的空气温度升高1℃。

海洋每年蒸发50.5万立方千米的淡水，大约占地表总蒸发量的87.5%；产生约360亿吨氧气，大约相当于地球上氧气量的70%。

哇，海洋能产生这么多淡水和氧气。
按全球70亿人口算，360÷70≈5，相当于给每个地球人提供了约5吨氧气。
海洋对人类的作用太大了，难怪说它是地球气候环境的“调节器”。

地球水产品中约85%左右来自海洋。
海底石油储量约1350亿吨，海洋天然气储量约140亿立方米。
海底可燃冰燃烧污染小，分布的范围约占海洋总面积的10%。
那为什么说海洋是“资源库”呢？
我给大家带来些资料，你们看看吧。
根据上面的信息还可以提出哪些数学问题？
2008年我国水产品总量为约5000万吨，小朋友可以算一算，有多少来自海洋？

特殊的海洋环境给人类提供了丰富的资源。海洋中的生物多达22万多种，为全球提供了约22%的蛋白质。可再生海洋动力资源惊人：海水温差能、潮汐能等可利用功率达100×10^8千瓦以上。

海洋真是一个“蓝色宝库”，我们应该好好保护。
但是人类已经对海洋环境带来了很大破坏。

台风、飓风、龙卷风频发
海洋赤潮
海洋生物大量死亡
海洋生态环境破坏带来的后果非常严重。

联合国把每年的6月8日定为“世界海洋日”。

保护海洋，世界各国都非常重视。

我国颁布了《中华人民共和国海洋环境保护法》，已建成各类海洋自然保护区80余个，其中国家级海洋自然保护区24个，面积达到36万公顷，海洋环境得到有效保护和改善。

拓展与应用

1. 海洋生物珊瑚虫被称为“天才数学家”（如下图）。查一查还有哪些海洋生命蕴含有趣的数学知识。

珊瑚虫在自己身上记下“日记”，每年在体壁上“刻画”出365条环纹，一天“画”一条。古生物学家发现，三亿五千年前的珊瑚虫每年“画”出400幅水彩画。天文学家告诉我们，当时一昼夜只有21.9时，一年不是365天，而是400天。

2. 你了解哪些海洋气候？请对不同海洋气候的特点、影响做比较。

4 蔚蓝的雪域高原

雪域高原指青藏高原，面积约占中国陆地面积的 $\frac{1}{4}$，是中国最大、世界海拔最高的高原，有“世界屋脊”之称，是亚洲许多大河的发源地。

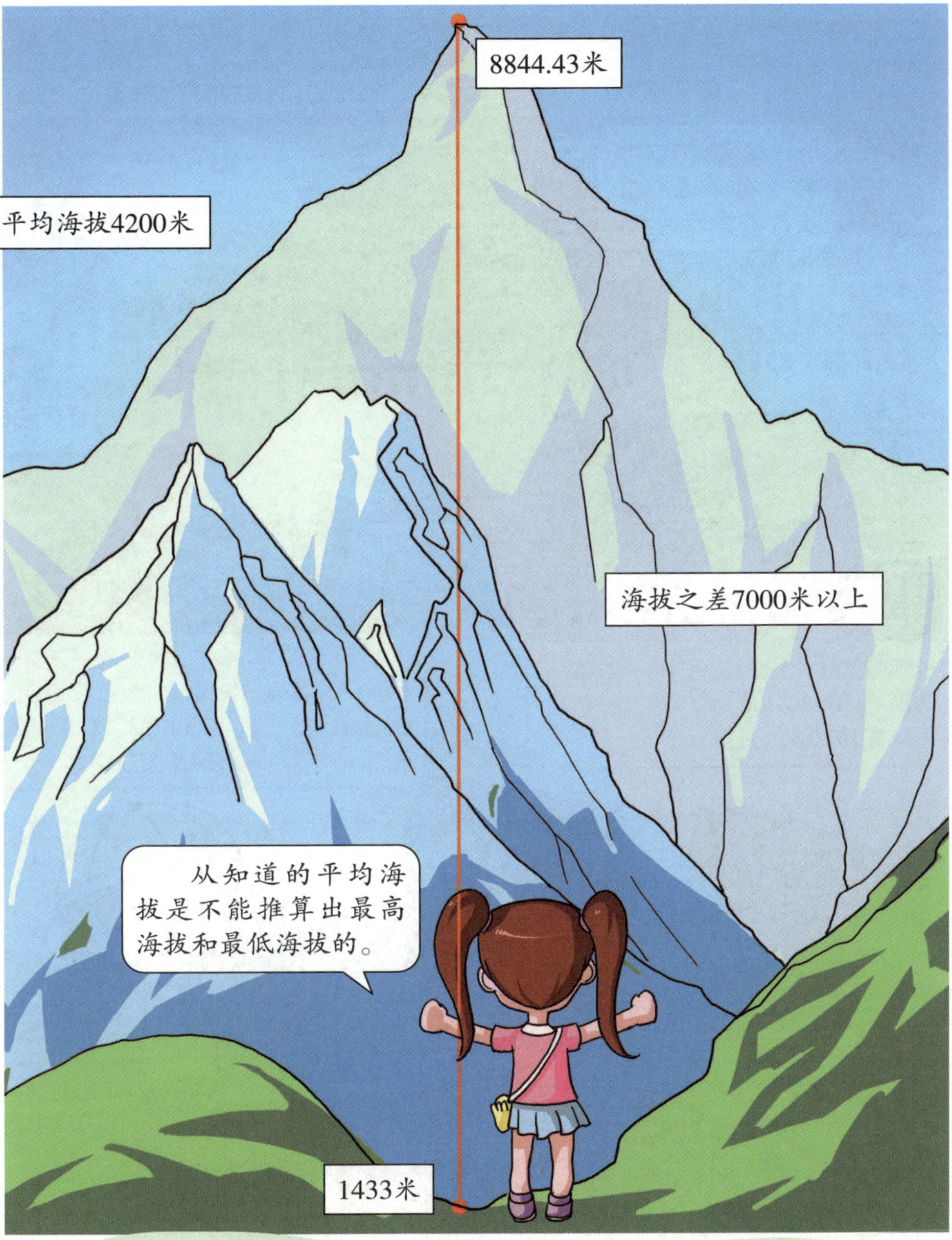

大家决定先征服珠穆朗玛峰，珠峰顶上11月中旬至第二年2月中旬，最低气温可达-60℃，平均气温为-50℃～-40℃，最热为8月，平均气温为-10.4℃，年平均气温-19.6℃；空气稀薄，含氧量约是海平面的30%。

日期	星期一	星期二	星期三	星期四	星期五	星期六	星期日
人数	2200	1900	2210	2200	2290	2300	2300

这是2013年某一周布达拉宫接待游客的人数。
(2200+1900+2210+2200+2290+2300+2300)÷7=1970，平均每天有1970人。
你肯定算错了，最少的一天有1900人，其他6天都在2200人以上，平均数不可能在2000人以下。我再算一下……应该是2200人。
10

大家来到坐落在拉萨的布达拉宫，它是当今世上海拔最高(3756.507米)、规模最大的宫殿式建筑群，俗称“第二普陀山”，占地36万平方米，建筑面积13万平方米，宫体主楼13层，高117米。

大家还去了雅鲁藏布大峡谷和纳木错。雅鲁藏布大峡谷是一条长约504千米的巨大峡谷，峡谷平均深度2268米，最深处达6009米，是世界第一大峡谷。在这里，可以见到分布于从寒冷的北极到炎热的赤道的动植物（植物3500余种）。

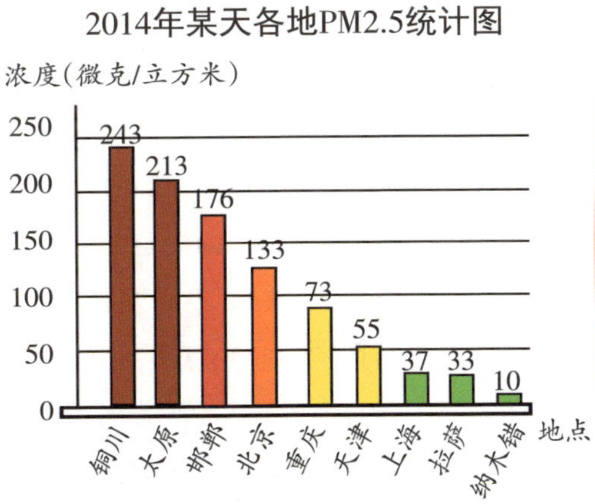

纳木错距拉萨240千米，湖面海拔4718米，湖面面积1920余平方千米，蓄水量768亿立方米，是我国第二大咸水湖，世界海拔最高的大湖。纳木错地区人类向大气排放的污染物很少，AOD（气溶胶光学厚度）年均值0.029，与南极地区0.02极为接近。

姓名	博士	机器人	妮妮	天天	波波	平均
开支(元)	5680	5800	4600	?	4890	5200

这是我们去雪域高原的开支，天天用了多少元呢？
5200×5−5680−5800−4600−4890=5030，天天用了5030元。

雪域高原，全年蓝天数90%以上，拉萨PM2.5年均值为14.58微克/立方米，非城市年均值为10微克/立方米……这里与发达城市被雾霾笼罩的环境形成了巨大的反差。我们应该更好地保护环境，减少排放，努力把全国各地都变成“蔚蓝的雪域高原”。

拓展与应用

1. 查阅“PM2.5监测网”，计算全国重点城市PM2.5的平均值，看看你所在城市的PM2.5值比平均值高还是低。

2. 拓展阅读“平均数的由来”。早在三千年前，我国《周易》已产生了平均数的思想。《周易》“谦”卦说：“谦，君子以裒多益寡，称物平施。”“裒”指减少，“益”指增益，“裒多益寡”就是指对研究对象的各个单位的数量减有余而补不足，“称物平施”就是指衡量事物要均等。上述思想，为统计平均数的概念与作用奠定了基础。

5 保护地球“肾脏”——湿地

我漂亮的家不见了！
小青蛙好可怜呀！我们帮它找找家吧。

这就是湿地。
我最喜欢在这样的环境居住！

我国科学家把常年或季节性积水深2米以内，积水时间长达4个月以上的地区称为湿地。沼泽、湖泊、池塘、水稻田等都属于湿地。

湿地对人类有什么作用？
湿地与人类的关系很密切，几乎100%的饮水来自湿地，60%以上的城镇建在湿地附近或曾经是湿地的地方。

湿地可以蓄洪防旱、调节气候、清除污染、美化环境等，它还是野生动植物资源库。湿地被称为“地球之肾”。

这是我家附近的一块沼泽地，它的面积有多大呢？

0.7千米
0.6千米
0.9千米

把这块湿地近似地看作一个梯形，它的面积约为0.48平方千米。

据科学测算，每平方千米沼泽地每年可以吸收13.75吨二氧化碳，释放10吨氧，同时生长各种生物15吨。

吸收二氧化碳	13.75×0.48=6.6吨
释放出氧气	10×0.48=4.8吨
生长各种生物	15×0.48=7.2吨

湿地是名副其实的资源库。

我国湿地面积减少最多、情况最严重的长江中下游和东北三江平原地区

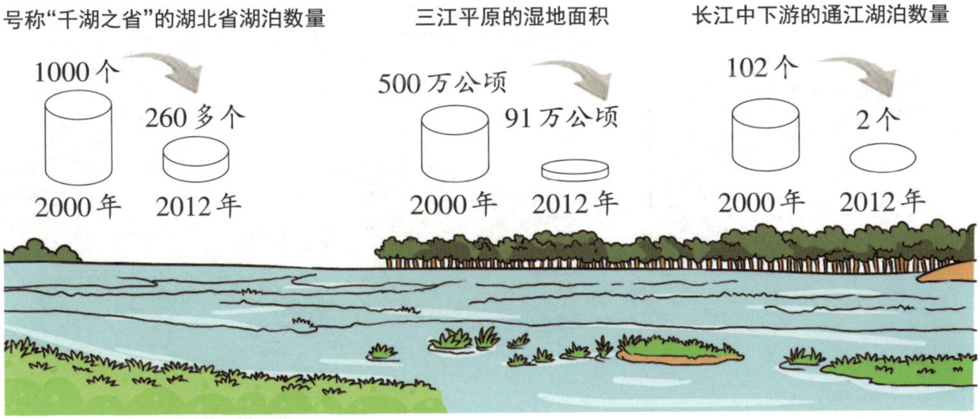

近50年以来，由于过度开发等多种原因，地球上的湿地面积减少了50%，工农业生产产生的废弃物，使40%的湿地受到污染。

拉姆萨尔公约
Ramsar

以保护湿地为目标的湿地公约——《拉姆萨尔公约》于1975年12月21日正式生效。至2014年1月，拉姆萨尔公约组织已有168个缔约国，国际重要湿地覆盖2170片总面积超过207万平方千米。拉姆萨尔公约组织将每年的2月2日定为“世界湿地日”。

中国的拉姆萨尔登记湿地

拉姆萨尔编号	湿地名称	所在省份
548	向海自然保护区	吉林
549	扎龙自然保护区	黑龙江
……		
1144	崇明岛东滩自然保护区	上海
1145	大丰麋鹿保护区	江苏
……		

中国于1992年加入拉姆萨尔公约，已有41处湿地被列为拉姆萨尔公约保护区。

拓展与应用

1. 下图是一个湿地公园的平面图，怎样求出它的面积？

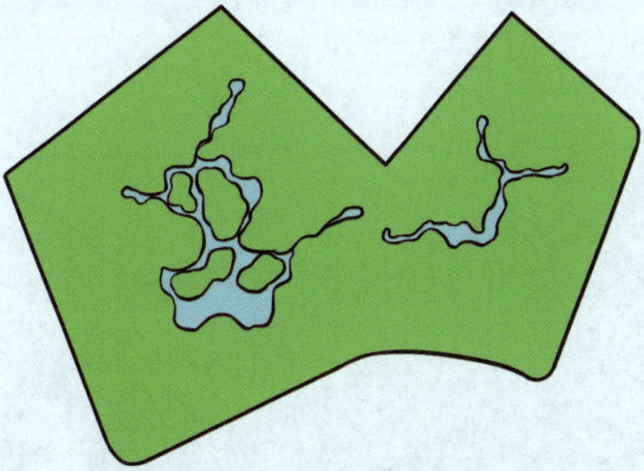

2. 调查自己所在地区的湿地分布情况。

3. 北海湿地公园。

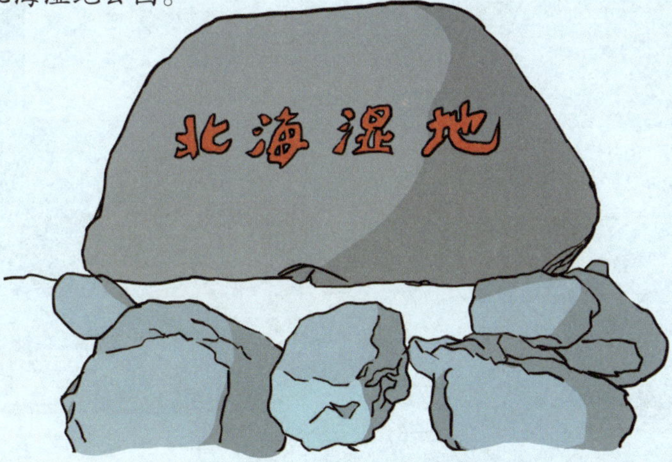

北海湿地公园是1994年12月国家首批公布的全国33处国家重点湿地之一。保护区面积16.29平方千米，位于云南省保山市腾冲县城西北方向12.5千米，由青海和北海两个毗邻的天然湖泊组成，北海面积0.46平方千米，其中水面面积0.14平方千米，海排面积0.32平方千米。

6 舒服的天然氧吧

走进茂密的大森林，穿梭在无边的竹海里，感觉空气格外清新，精力倍增；走近瀑布来到湖边，精神振奋，疲劳感立即消失；漫步在生态公园，头脑清醒、心旷神怡……

森林里为什么这么舒服呢？
天然氧吧里氧气浓度高，让人感觉神清气爽。
是因为森林植被给了我们一个天然的氧吧。

氧吧里的氧气含量很高，天然氧吧是在自然条件下形成的氧吧，森林、公园、瀑布等都是天然的氧吧。

氧气是怎么产生的呢？
植物在太阳光的照射下，吸收二氧化碳，通过光合作用释放出氧气。

1公顷森林每天可以吸收200人呼出的二氧化碳，释放出约700千克氧气，这些氧气够700～800人一天吸用。1公顷绿地每天能吸收900千克二氧化碳，释放600千克氧气。植物每生长1吨，就能制造出5吨氧气。

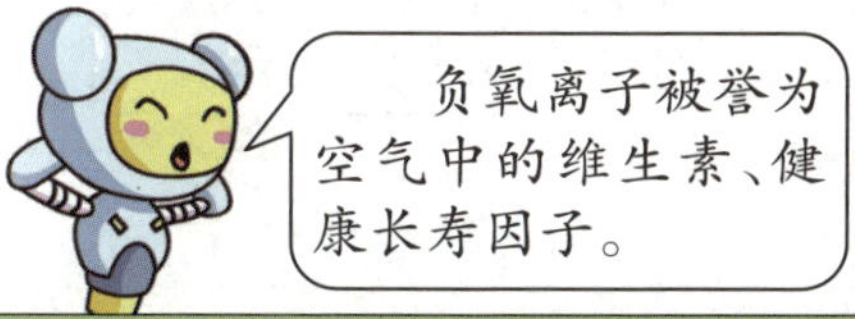
负氧离子被誉为空气中的维生素、健康长寿因子。

天然氧吧里有大量的负氧离子，空气里负氧离子越多，感觉越舒服。

常见的负氧离子等级标准与健康的关系表

环境条件	负氧离子浓度（个/立方厘米）		等级	与健康的关系
多人操作的厂房	0~50	≤500	1级	诱发形成各种疾病
都市室内	60~150			易诱发生理障碍等
街道绿化区	200~500			诱发生理障碍边缘
公园	500~900		2级	维持人体健康基本需要
旷野	900~1200		3级	增强人体免疫力、抗菌力
山顶、森林	1200~1800		4级	杀灭病菌、减少疾病的传染
	1800~2100		5级	具有自然痊愈力
森林、瀑布	≥2100		6级	具有治疗和康复功效

医学研究表明，空气中负氧离子浓度大于100000个/立方厘米时，就对某些疾病有治疗作用。世界卫生组织公布的清新空气负氧离子标准浓度为不低于1000～1500个/立方厘米。

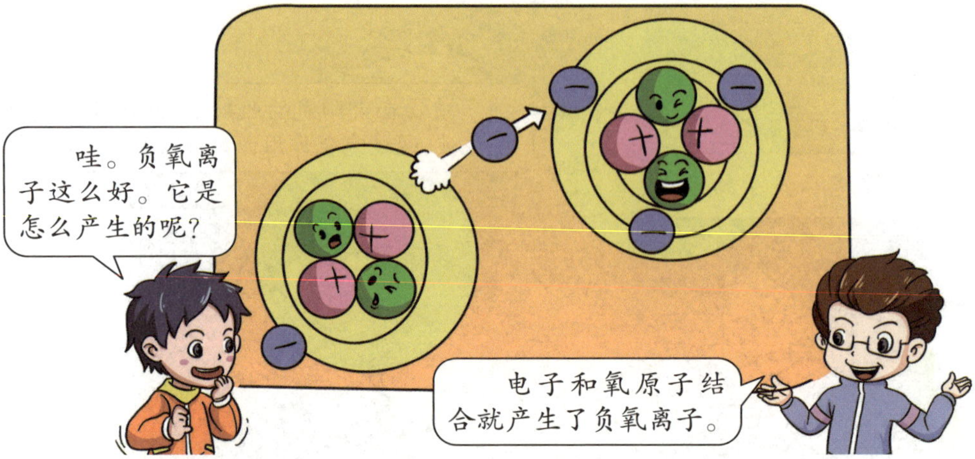
哇。负氧离子这么好。它是怎么产生的呢？
电子和氧原子结合就产生了负氧离子。

空气中的氧和二氧化碳对电子最有亲和力，但氧含量约是二氧化碳含量的700倍，因此，空气中生成的负离子绝大多数是负氧离子。

雷电、风暴作用形成负氧离子。
阳光紫外线、宇宙射线作用形成负氧离子。
植物“尖端放电”作用产生负氧离子。
植物能产生负氧离子吗？
瀑布、溪涧冲击形成负氧离子。
柏木、仙人掌等能产生负氧离子。

也可以通过人工电荷分离的方法制造负氧离子。负氧离子在洁净空气中的寿命为几分钟，而在灰尘中只有几秒钟。

森林里负氧离子个数是汽车里的多少倍呢？
16.8倍。
森林里每立方厘米有2100个，车内每立方厘米有125个。

除数是小数更简便。一个数除以0.5，0.25，0.125，就是把这个数分别乘2，4，8。
利用商不变的性质，把2100和125都乘8。
哦。这样就是16800÷1000=16.8。太简单了！

汽车行驶在大森林里，车内负氧离子能达到125个/立方厘米，行驶在城市的道路上，车内负氧离子还不到30个/立方厘米。

拓展与应用

1.天天说："一个数除以0.5，0.25，0.125时，就是把这个数分别乘2，4，8。"为什么？

2.如下图，植物的枝叶很多都以黄金分割或螺旋上升的方式生长，这样生长有什么好处？

222.5°
137.5°
车前草上下两层相邻的两片叶子之间角度的比值137.5∶222.5≈0.618。

3.我们居住的周边有哪些地方可以称为天然氧吧？

参考答案

5. 保护地球"肾脏"——湿地

1. 先用辅助线把湿地划分为会求面积的规则图形，再计算面积。

7 拯救森林"筷"行动

20世纪90年代，木制或竹制的一次性筷子由日本传到了中国。

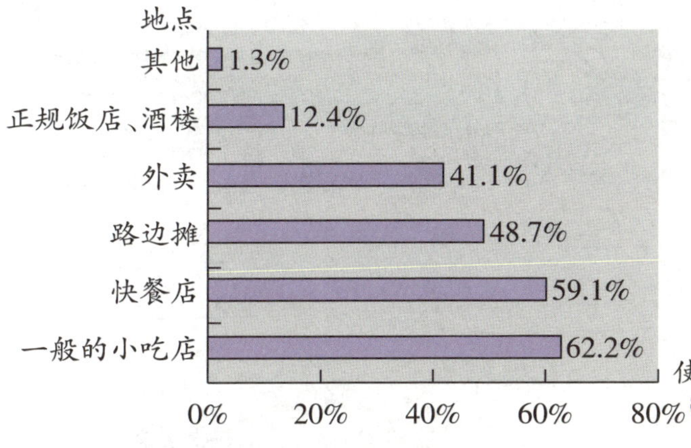

一次性筷子使用情况统计图

生产这些一次性筷子得消耗多少木材啊？
大约要耗费170万立方米木材，减少森林面积约300万平方米。
如果把这800亿双筷子首尾相接，可以从地球往返月球21次。

那还有其他毁坏森林的情况吗？
2014年1~4月，全国发生森林火灾2300多起，受灾森林面积达1万多公顷。
2009年到2013年5年间，仅违法违规建设占用的林地面积就超过67万公顷。

泥石流太可怕了！
生态环境被破坏是造成此次泥石流灾害的原因之一。

2010年8月7日22时左右，甘南藏族自治州舟曲县发生特大山洪地质灾害，泥石流长约5000米，平均宽度约300米，平均厚度5米，总体积750万立方米，流经区域被夷为平地。

我查了资料，2012年国家对林业投资达1400亿元，比2011年增加180亿元。
我国正在实施的天然林保护、退耕还林等16项重大生态修复工程，工程面积约占国土面积的63%。

第八次全国森林资源清查成果
（2009年～2013年）

森林面积	2.08亿公顷
森林覆盖率	21.63%
森林蓄积	151.37亿立方米
人工林面积	0.69亿公顷

我国森林面积和森林蓄积分别位居世界第5位和第6位，人工林面积居世界首位。

经过多年的努力，森林保护工作取得明显成效了！

日本的森林覆盖率高达68.5%，却不用本国的木材生产一次性筷子。日本每年消耗约257亿双一次性筷子，其中有96%来自中国。
目前我国的森林覆盖率仍远低于全球31%的平均水平，人均森林面积仅为世界人均水平的$\frac{1}{4}$，人均森林蓄积只有世界人均水平的$\frac{1}{7}$。

日本通过对垃圾分类管理，将使用过的一次性筷子回收作为再生纸原料，如生产新闻纸、复印纸等。

据科学家统计，一棵大树的生态价值可达20万元，但如果用来做卫生筷，收益不过千元。
拯救森林，“筷”行动！
世界森林日 3/21
让地球成为绿色家园

2010年6月23日，商务部会同国家发展和改革委员会等6部委联合下发通知，要求餐饮与饭店业减少使用一次性筷子。

拓展与应用

1.我国每年要消耗约500亿双筷子，平均每天要消耗多少双筷子呢？

2.课外阅读。

筷子，源于中国，古称箸。筷子是当今世界上公认的独特餐具，是华夏民族文明智慧的结晶。

筷子的标准长度是七寸六分，代表人有七情六欲。筷子天方地圆，上方，便于持执；下圆，利于使用。“持方行圆”既有太极的精髓，也是我们为人处世的行为准则。筷子轻巧灵便，不用时合二为一，用时一分为二，一静一动，千变万化蕴含其中。

一双简单的筷子，同时具有夹、拨、挑、扒、撮、撕等多种功能，巧妙绝伦地运用了物理学上的杠杆原理，筷子是人类手指的延伸，手指能做的事它几乎都能做。科学家研究表明，用筷子进食时，要牵动人体30多个关节和50多条肌肉，从而刺激大脑神经系统的活动，让人动作灵活、思维敏捷。

8 小小贺卡

新年快乐
2014
新年快乐

波波用5元买了我，半天后，我就到这儿来了！
哎，别提了，12元的我还不是落得跟你一样的境地！
happy

北京春节期间消费贺卡约3000万张，如果每张10元，30000000×10=300000000元=3亿元，要花3亿元！
某县一年订制贺卡总共30万张左右，能建一所希望小学了。
×××小学
哇，北京春节期间消费的贺卡可以建这样的希望小学1000所！
我能产生很多价值，但只能制成2000多张贺卡！
30000000÷2000=15000，北京春节消费的贺卡要砍掉大约15000棵树，好大的一片树林啊！
生产成卡片还要耗水，并排出污水呢！

森林过度砍伐，人类呀，接受大自然的惩罚吧！

瞧，我给老师制作的贺卡！
我的书真轻巧，携带还方便呢！
我们用的书都是哥哥姐姐们用过的！

拓展与应用

1. 如果每人少买一张贺卡(假设每张贺卡5元)，你所在学校的师生买贺卡节约的钱可以干些什么？

2. 延伸阅读：贺年卡的昨天、今天和明天。

贺年卡在我国是从什么时候兴起的呢？有人说在东汉时期就有了雏形，也有人说它在宋朝正式出现。南宋末年，著名文学家周密曾记载：过节时大多数的人要送礼，不能亲自去送的人就在名片上面写些祝福的话，派仆人一家一家送去，这种习俗很普遍。从南宋往后，这种风气更加盛行了。总之，贺年卡在我国至少已有上千年的历史了。

参考答案

7. 拯救森林"筷"行动

1. 约1.37亿双。

9 不让眼泪成为最后一滴水

生命离不开水。如果没有水，难以想象地球上会是什么样。
世界上许多人正在因为干旱缺水而成为“环境难民”。
好浪费哦。如果大家都像你这样，世界上最后一滴水有可能就是你的眼泪哟！
怎么会呢？地球上有那么多水，洗脸能浪费多少水嘛。
你忘记关水龙头了！
你不信？我们来做一个实验，看看浪费有多大！

10秒大约要流出2千克水，1分大约流出12千克水。
每一次洗脸大约要2分，如果让水龙头一直开着的话，要浪费24千克水。
按一个人每天洗脸两次计算，要浪费48千克水。

按上面的实验结果计算，全国13亿人每天洗两次脸要浪费：$48\times1300000000=62400000000$ 千克=62400000 吨=6.24×10^7吨。如果每人每月大约用2吨水，13亿人1天洗脸浪费的水可以供2.6×10^6人用一年。

这样可真浪费呀！咦，10^7是什么？
这个我知道，10^7读作十的七次方，就是7个10相乘的积，结果是1后面有7个0，即10000000。
10^9=1000000000

像6.24×10^7，1×10^9这样的写数方法叫科学计数法。科学计数法可以方便地表示日常生活、工作中遇到的一些较大的数。

地球上水的总量约有 1.386×10^{9} 立方千米，其中人类可以直接利用的淡水，约占淡水总量的0.77%，除去不能开采的深层地下水，人类实际能够利用的水只占地球水总量的0.26%左右。

变！变！
多！多！
其他0.97%
地下水30.06%
湖泊 河流
0.27%
冰川68.7%

全球总淡水资源构成图

是啊，如果不节约用水，将来水龙头里可能没有水可流，很可能是……
哇！水资源这么少，节约用水真重要。我刷牙、洗澡时要注意随时关水。

我国人均淡水资源量约为2300立方米，人均占有量相当于世界人均占有量的$\frac{1}{4}$，是世界上最缺水的13个国家之一。目前我国包头等400多个城市缺水，其中北京等110个城市严重缺水。

长江三峡水利工程正常蓄水位175米，总库容可达393亿立方米，它的大库容能增加长江中游枯水季节流量，对长江中下游地区有巨大的防洪作用。

我国水资源缺乏且分布不均衡，国家推行了很多节水措施，鼓励大家节约用水。实施了南水北调、长江三峡水利工程等水资源调配工程，缓解了我国水资源分布不均衡的现状。

拓展与应用

1. 重庆主城区的居民用水以吨计价：4.30元/吨，迪拜的居民用水以升计价：3.60元/升。对比两地的水价你有什么感受？(一般情况下1升水等于1千克。)

2. 我国约有13亿人口，这里的“13亿”用科学计数法怎样表示？

3. 宇宙中其他星球上有水吗？

10 保护东北虎

一只野生东北虎因颈部钢丝圈猎套无法正常进食而死亡。
哎！太可惜了！不知现在还有多少只野生东北虎呢？

目前全球野生东北虎仅存不到500只，主要分布在俄罗斯远东地区和中国东北山林中。中国野生东北虎数量不足20只，栖息在黑龙江省和吉林省东部的长白山林区。

东北虎一般吃什么呢？
东北虎主要捕食鹿、羊、野猪等大中型哺乳动物。

一只中等大小的东北虎每周需要捕食相当于一头成年梅花鹿大小的有蹄类动物，一年需要大约52头成年梅花鹿或等量的猎物。

东北虎一天的食量约是自己体重的$\frac{1}{20}$。一只成年东北虎重约300千克，那么它一天要吃多少食物呢？
简单，$300\times\frac{1}{20}=15$，它一天要吃15千克食物。

一只成年梅花鹿一天的食量约为5千克青草，消化后大约有10%转化为能量长成肉。

假如换算成老虎吃草，那它一天要吃多少千克草呢？
我想想！这只东北虎一天吃15千克肉，相当于要吃150千克草。

假设每平方米草地可长草0.2千克，这只东北虎一天的食量需要多大面积的草地呢？
东北虎栖息地面积的大小主要取决于森林里有蹄类动物的密度。
嘿，这可难不住我！150÷0.2=750（平方米）。

目前俄罗斯森林有蹄类动物密度约为3～6只/平方千米（中国约为1只/平方千米），按此估计，一只雌性东北虎的领域面积约为488平方千米，雄性东北虎的领域面积约为1205平方千米。

如不采取合理的措施保护，我不但没吃的，没住的，还可能会在2022年消失哦！
国际上将每年的7月29日定为“全球老虎日”。2011年7月29日，国家林业局正式启动实施“中国野生虎恢复计划”。

有资料显示，半个世纪前，我国适合东北虎栖息的山林有2000万公顷，而至2002年已不足5万公顷。

为补充有蹄类野生动物数量，提高其繁衍、恢复速度，及早达到东北虎长期生存、繁衍所需求的猎物密度，2012 年 7 月 29 日，我国政府将 32 头鹿放归吉林汪清山林，给老虎“送餐”。

为什么要保护野生东北虎呢？
保护野生东北虎就是保护整个生态系统的平衡。

野生老虎处于食物链的顶端，保护野生老虎能有效地控制食草动物的数量，维护生态系统的平衡，保护人类赖以生存的自然环境。

拓展与应用

1.吉林珲春东北虎国家级自然保护区总面积 108700 公顷，它适宜多少只东北虎生存？

2.你知道为什么“一山不容二虎”吗？

参考答案

9. 不让眼泪成为最后一滴水

2. 1.3×10^{9}。

11 鲜明的四季

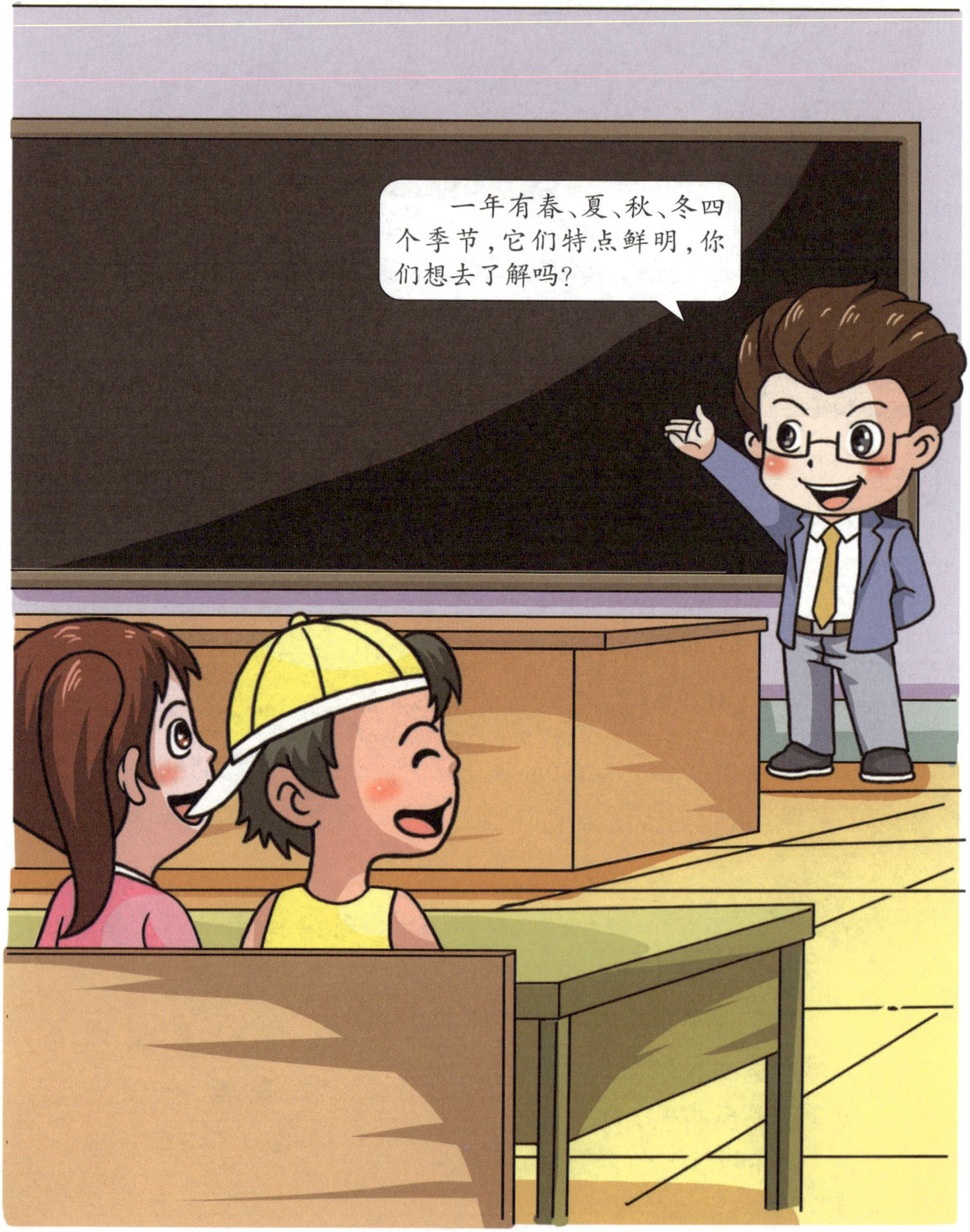
一年有春、夏、秋、冬四个季节，它们特点鲜明，你们想去了解吗？

北半球每年的3,4,5月进入春季。这时气候温暖,一般气温在8℃~18℃,万物生机勃勃,真是一个舒适的季节。

夏天这么热,怎么最高才28℃?
这是不同时间和不同地区的平均气温。

每年的6,7,8月是北半球最热的季节——夏季,我国夏季一般气温为18℃~28℃。

9,10,11月,太阳高度角渐低,温度渐降,一般为12℃~22℃,秋高气爽,田野金黄,硕果满枝,让人们感到身心舒适。

12月、次年1月和2月是北半球最寒冷的季节,我国多数地区的气温都在几度到十几度之间,很冷的气候环境使有的植物落叶,有的动物冬眠,人的生活舒适度下降。

地球上为什么会产生一年四季呢？
春分
3月21日
夏至
6月22日
冬至
12月22日
秋分
9月23日

四季的形成是地球绕太阳公转的结果。地轴与地球公转轨道平面始终保持66°34′的交角。

每年6月22日前后，太阳会直射北回归线，这时北半球得到的热量最高，白昼最长，气候炎热，北半球是夏季，而南半球正处于寒冷的冬季。

到12月22日前后，太阳便直射南回归线。此时北半球得到的热量最少，白昼时间最短，气候寒冷，是北半球的冬季。南半球刚好是夏季。

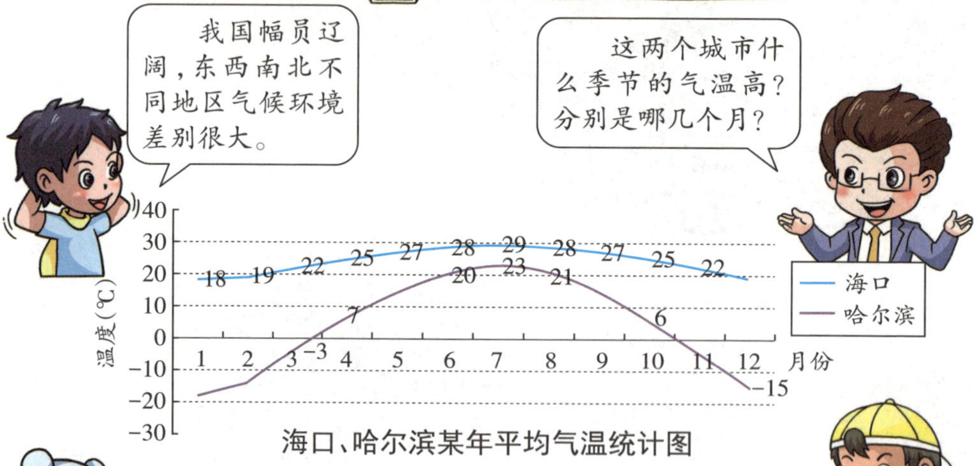
我国幅员辽阔，东西南北不同地区气候环境差别很大。
这两个城市什么季节的气温高？分别是哪几个月？
温度（℃）
40
30
20
10
0
-10
-20
-30
1 2 3 4 5 6 7 8 9 10 11 12 月份
18 19 22 25 27 28 29 28 27 25 22
-3 7 20 23 21 6 -15
海口
哈尔滨

海口、哈尔滨某年平均气温统计图

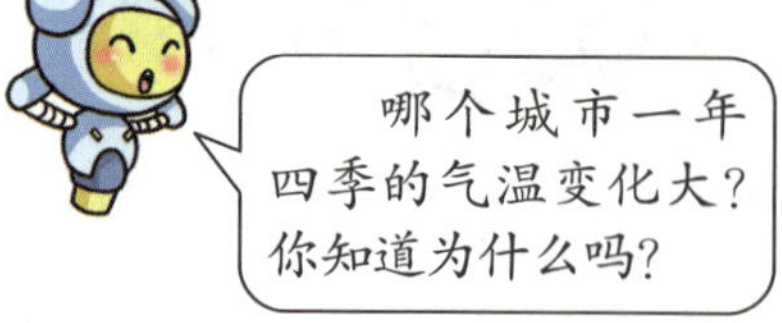
哪个城市一年四季的气温变化大？你知道为什么吗？

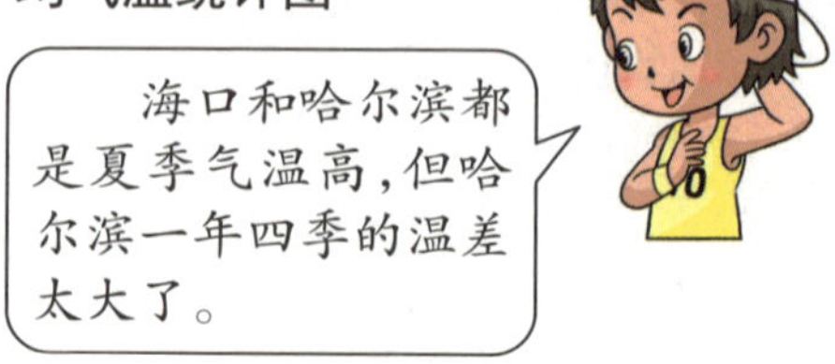
海口和哈尔滨都是夏季气温高，但哈尔滨一年四季的温差太大了。

哈尔滨的气候属中温带大陆性季风气候，冬季漫长寒冷，1月的平均最低气温在-24℃左右，曾出现过-38℃的极端最低气温；素有“冰城”之称。

海口地处低纬度热带北缘，属于热带海洋性季风气候，年平均温度为24℃，春季温暖少雨多旱，夏季高温多雨，秋季多台风、暴雨，冬季干旱时有冷气流侵袭带有阵寒。

海南还是一个空气质量很好的地方。负氧离子数量是衡量空气是否清新的重要标准之一。在海南的热带雨林中，负氧离子的含量高达每立方米5万个，个别地方高达每立方米12万个。

我们来看看一年四季降水量会有什么变化。

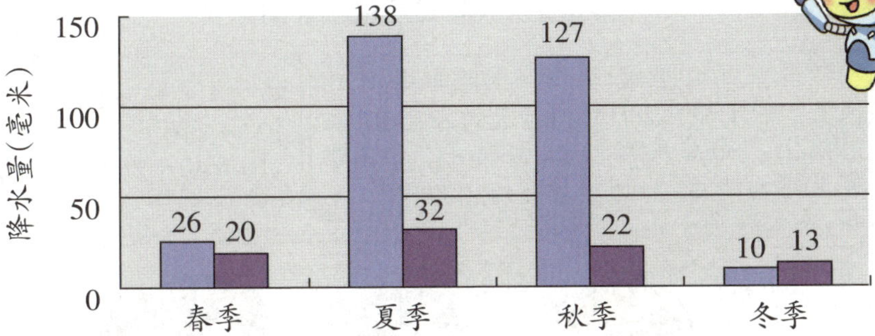

某年成都与乌鲁木齐四季平均降水量

仔细观察统计图，哪个季节降水量大？哪个季节降水量小？你能算出成都这一年的降水量是多少毫米吗？

夏季降水量大，冬季降水量小。

成都该年降水量为：26 + 138 + 127 + 10=301（毫米）

陶醉

成都位于四川盆地，属于亚热带季风性湿润气候区。具有夏热多雨，秋短，阴凉，且多绵雨等气候环境特点。

乌鲁木齐深处大陆腹地，属于中温带大陆性干旱气候。具有早晚及四季温差大，寒暑变化明显；降水少，且随高度垂直递增等气候环境特点。

我国一年四季不同地区日照量的差别也很大。

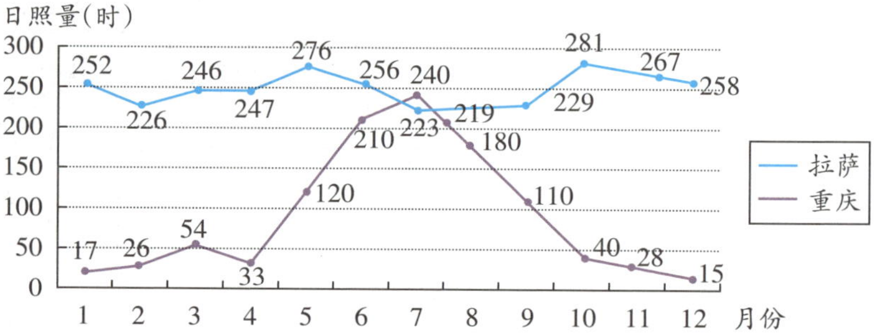
日照量(时)
300
250
200
150
100
50
0
1 2 3 4 5 6 7 8 9 10 11 12 月份
拉萨：252 226 246 247 276 256 223 219 229 281 267 258
重庆：17 26 54 33 120 210 240 180 110 40 28 15
拉萨
重庆

拉萨、重庆某年日照量统计图

从统计图中你获得了什么信息？
拉萨的日照量很大，每月都在200时以上。而重庆只有夏季日照量大一些，冬天特别小。
拉萨市每月日照量大约在250时左右，我估计全年日照量大约3000时。
重庆市年日照量为：17 + 26 + 54 + 33 + 120 + 210 + 240 + 180 + 110 + 40 + 28 + 15=1073（时）。
10

拉萨日照量大，主要原因在于：一是拉萨地理位置的纬度低，太阳高度角大；二是拉萨海拔高，空气干净，太阳辐射损耗小；三是晴天多，全年无雾。

拓展与应用

1. 你听说过火炉城市吗？

火炉城市是对夏季天气酷热的中国大城市的称呼，一般集中在中国南方的长江流域。随着气候变化，城市榜单也在变更。

气象专家构建了一个判断指标——“炎热指数”，主要考虑气温和相对湿度对人体舒适状况的综合影响，炎热指数越大，人体感觉越不舒适。气象专家将炎热指数达到85的那一天确定为高温炎热日。

专业气象部门根据近20年的天气将福州、重庆、杭州评为中国“三大火炉”。

2010年，我国气象部门根据近20年高温情况，统计中国最热城市前10名依次为：福州、杭州、重庆、长沙、武汉、海口、南昌、广州、西安、南宁。

2012年，国家气候中心专家根据1981年到2011年的气象观测资料，统计中国最热的10个省会城市（或直辖市）为：重庆、福州、杭州、南昌、长沙、武汉、西安、南京、合肥、南宁。

2013年的榜单中，传统“四大火炉”城市重庆、武汉、南昌、南京分别排名为2、7、6和14，只有重庆进入前4名。

为什么会出现火炉城市呢？请查阅相关资料，搜集有关数据给予解释。

2. 调查。

我国哪些省份（地区、城市）气候条件、空气指数比较好？请查阅有关资料，并进行比较说明。

空气质量指数 城市	优良（天）	轻、中度污染（天）	重度、严重污染（天）
北京	176	131	58
海口	340	25	无
贵阳	278	86	1
重庆	206	149	10

12 “空中死神”——酸雨

暑假，博士、波波、天天随同妮妮来到她奶奶家开展社会实践活动。

建桥工业园占地100公顷，有各类企业87家，其中火力发电厂、水泥厂等规模企业11家。
妮妮，这里工厂林立，哪里是农村呀！
嗯，变化太大了！

咦，后山的树怎么都枯死了呀？
哪来的酸雨呀？
工业污染，酸雨！

这种高消耗、高污染的经济增长方式虽然推动了中国经济社会发展，但由此造成的环境污染损失占GDP（2013年中国GDP为588018.8亿元）的比例高达2.6%～3%。

到底什么是酸雨呢？
酸雨是指pH小于5.6的雨、雾或其他形式的降水。
原来造成酸雨的罪魁祸首是工厂、汽车等排放的废气。

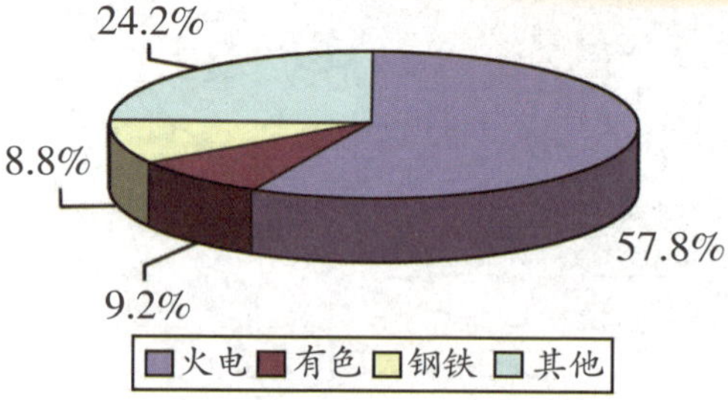
24.2%
8.8%
9.2%
57.8%
火电 有色 钢铁 其他

重污染行业二氧化硫排放率

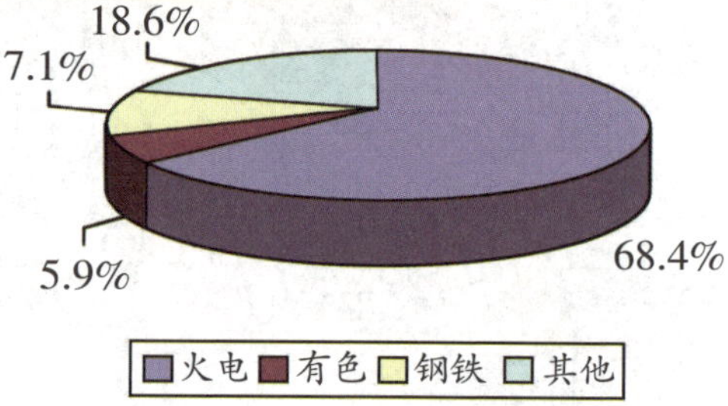
18.6%
7.1%
5.9%
68.4%
火电 有色 钢铁 其他

重污染行业二氧化氮排放率

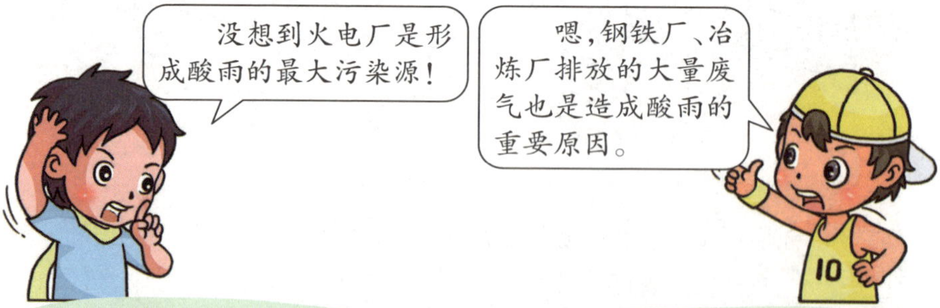
没想到火电厂是形成酸雨的最大污染源！
嗯，钢铁厂、冶炼厂排放的大量废气也是造成酸雨的重要原因。

2012年，我国二氧化硫排放总量为2117.6万吨，氮氧化物排放总量为2337.8万吨。

世界三大酸雨区

- 以德国、法国、英国为中心的北欧酸雨区
- 包括美国和加拿大在内的北美酸雨区
- 我国长江以南、青藏高原以东的酸雨区

世界三大酸雨区

我国是世界第三大重酸雨区。

中国三大酸雨区

- 西南酸雨区
- 华中酸雨区
- 华东沿海酸雨区

中国三大酸雨区

2012年，我国酸雨分布区域主要集中在长江沿线及以南，青藏高原以东地区，酸雨区面积约占国土面积的12.2%。我国每年因酸雨造成的经济损失在1100亿元左右，酸雨被称为“空中死神”。

酸 雨

酸雨有什么危害呢？

酸雨可破坏森林，腐蚀金属，侵蚀雕像和建筑，造成水中生物死亡等。

建桥工业园
酸雨已成为我国严重的区域性环境问题，我们该怎么防治酸雨呢？
改进装置，加装脱硫设备。
寻找替代物，使用清洁能源。
节约能源，环保低碳生活。
国家酸雨和二氧化硫污染防治"十一五"规划

拓展与应用

1.探究酸雨对种子发芽率的影响。

实验准备：绿豆200粒、培养皿、吸水纸、纱布、清水、酸性液体。

实验过程：将200粒绿豆平均放在标号1和2的培养皿里，下面铺上湿吸水纸，上面盖上湿纱布，放在阴凉通风处；标号为1的培养皿每天浇清水，标号为2的培养皿每天浇pH为4的酸性液体，每天在相同时间观察种子发芽情况；记录两组绿豆的发芽情况。

(1)计算两组绿豆的发芽率。

(2)根据计算结果得出的实验结论是________________。

2.查阅资料，了解有关国家和地区关于饮用水水质标准中pH指标，看看我们该饮用什么样的水。

13 当心地球变成火炉

这是南太平洋岛国图瓦卢，50年后将在地球上消失！
这是哪里呀？
怎么会消失呢？

由于全球气候变暖，极地冰川融化，全球的海平面平均每年上升5.6毫米。图瓦卢的大多数居民生活在海平面之上1米～2米的地区，它的大部分岛屿将在50年后被淹没。

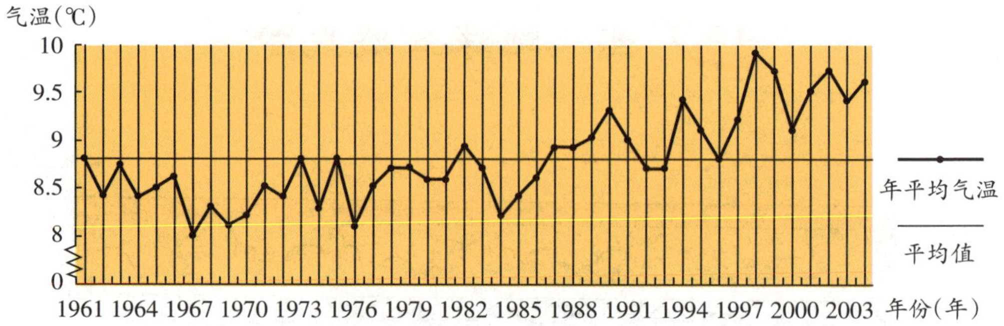
气温(℃)
10
9.5
9
8.5
8
0
1961 1964 1967 1970 1973 1976 1979 1982 1985 1988 1991 1994 1997 2000 2003
年份(年)
年平均气温
平均值

世界年平均气温变化统计图

在折线统计图中，你能看出什么？
1987年以前的气温大多低于平均值，1987年以后的气温大多高于平均值。
真会观察，这反映了世界平均气温整体呈上升趋势。

联合国在2001年的一份报告中指出，上个世纪全世界的平均温度大约上升了0.6℃，预测到本世纪末全球温度还将上升1.6℃～5.5℃。

难道地球感冒发烧了？
地球怎么会发烧呢？
主要是因为温室气体大量排放，引起全球气候变暖。

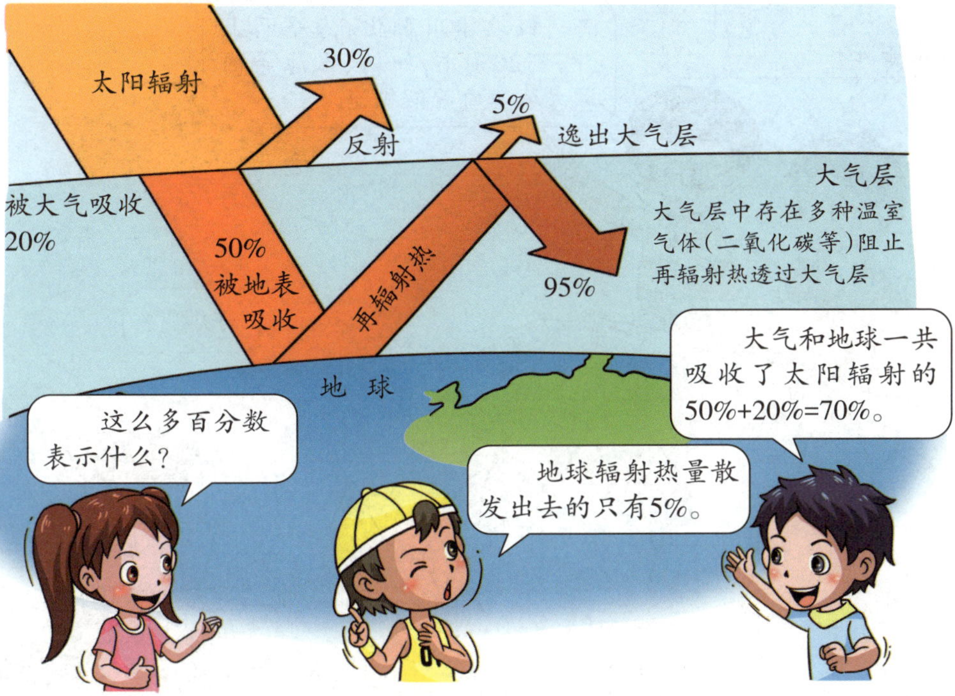
太阳辐射
30%
反射
5%
逸出大气层
大气层
大气层中存在多种温室气体（二氧化碳等）阻止再辐射热透过大气层
被大气吸收
20%
50%
被地表吸收
再辐射热
95%
地 球
这么多百分数表示什么？
地球辐射热量散发出去的只有5%。
大气和地球一共吸收了太阳辐射的50%+20%=70%。

地球表面被大气包围着，好像给地球罩上了一个无形的“玻璃罩”，不让地球上的热量向外层空间发散，加上臭氧层被破坏，照射到地面的太阳光紫外线增强，地球表面慢慢地热起来。

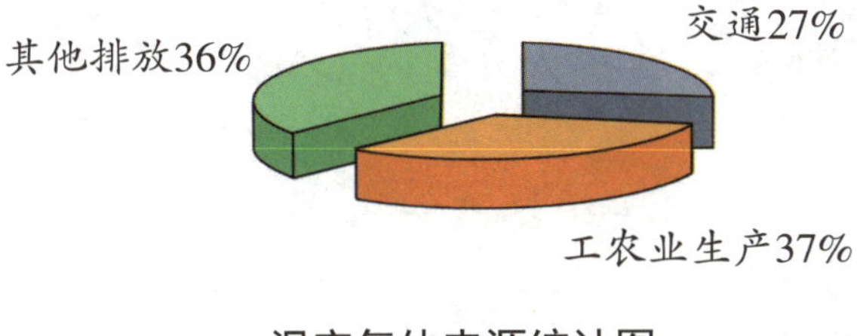
其他排放36%
交通27%
工农业生产37%

温室气体来源统计图

27%+37%＞50%，看来交通和工农业生产是温室气体的主要来源。

地球变暖有什么危害呢？
极地冰川融化，海平面上升，到2050年，纽约、上海等国际大城市都可能被淹。
好热啊！

科学家用数学模型分析计算，海平面每升高1米，直接受影响的人口约10亿人，土地约5×10^6平方千米，占世界耕地总量的$\frac{1}{3}$。

气候变暖会使自然灾害增多。

随着地球变暖，极端气候出现更加频繁，时刻威胁着人类的生存。比如飓风，从1905年到1930年，平均每年约有3.5次，可在1995年到2005年，平均每年就有8.4次！

给我降降温啊！
地球变暖真恐怖啊！
不能再让地球升温了！

拓展与应用

1. 分析、比较温室气体的来源，想想给地球降温的办法。

2. 你们知道宇宙中其他行星的大气和温度是怎样的吗？你能说一说其中的奥妙吗？

3. 格陵兰岛冰层的秘密：

纽约锡拉丘兹大学的科学家抽取格陵兰岛的冰块，在冰层中发现了 ToMV（番茄花叶病毒）。由此推断，一系列的流行性感冒、小儿麻痹症和天花等疫症病毒可能藏在冰块深处，目前人类对这些原始病毒没有抵抗能力，当全球气温上升使冰层融化时，这些埋藏在冰层中千年或更长时间的病毒便可能复活，直接威胁人类健康。

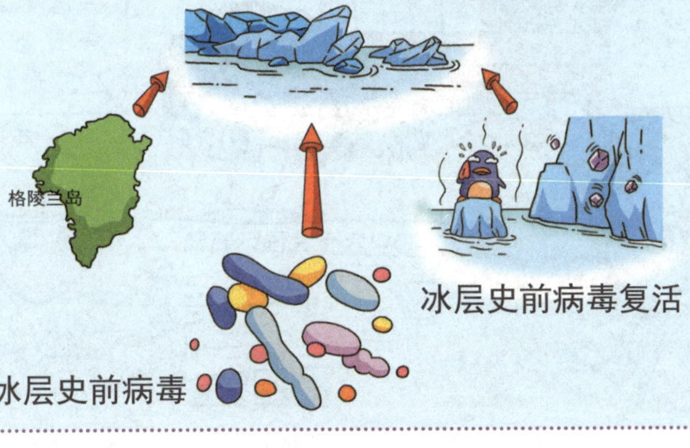

格陵兰岛
冰层史前病毒复活
冰层史前病毒

14 十面"霾"伏

2013年1月，北京遭遇59年来最严重的雾霾"侵扰"，仅有5天不是雾霾天。

2013年1月30日，全国雾霾面积扩至143万平方千米，8亿以上人口受到影响，高速路封路、机场"停摆"、工地停工、学校停课……

"中国雾霾引发全球议论"被《环球时报》评为2013年十大国际新闻之首。
啊！什么是雾霾呢？
据查，2013年雾霾波及全国30个省（直辖市、自治区）、100多个大中城市，全国全年平均雾霾天数达29.9天，创52年来之最。
2013年十大国际新闻

雾霾，是雾和霾的组合词，是指悬浮在大气中的大量微小尘粒和空气中原有的细微水珠相结合，导致大气混浊，能见度恶化的天气现象。
PM2.5
PM2.5是直径小于或等于2.5微米的颗粒物，它是造成雾霾天气的“元凶”之一。
是什么造成了雾霾呀?
总体讲，中国PM2.5的主要来源是燃煤电厂、工业生产和机动车，但各地的情况不尽相同。
以煤炭为主的能源消费结构是导致雾霾天气增多的主要原因之一。
百分比
100.00%
50.00%
0.00%
2010年
2011年
2012年
年份
煤炭 石油 天然气 其他
中国能源消费结构图
2012年全国煤炭消耗达41.5亿吨，占全球煤炭消费总量的50.2%。
10

汽车尾气是城市空气的主要污染源之一，也是PM2.5的防治重点。
没想到汽车尾气危害这么大！

尾气排放对PM2.5的影响程度对比

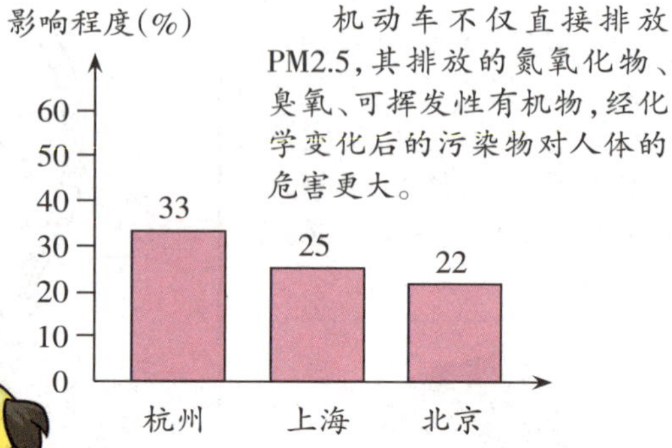
影响程度(%)
60
50
40
30
20
10
0
33
25
22
杭州
上海
北京
机动车不仅直接排放PM2.5，其排放的氮氧化物、臭氧、可挥发性有机物，经化学变化后的污染物对人体的危害更大。

2011年，全国机动车排放污染物4607.9万吨，比2010年增加3.5%，其中颗粒物（PM）62.1万吨。

从2013年1月1日起，我国开始执行新的《环境空气质量标准》。
新标准将空气质量指数分为六级，一级为优，二级为良，三级为轻度污染，四级为中度污染，五级为重度污染，六级为严重污染。
大气颗粒物智能采样机
大气颗粒物智能采样机
按新标准评价，全国330多个地级及以上城市中，有近$\frac{2}{3}$的城市还达不到二级标准要求。

中国每年因空气污染造成的经济损失高达约5658.8亿元。
雾霾造成的损失太惊人了！
2014年北京投入7600亿元治理雾霾。

北京西客站列车时刻表
T61 北京西-昆明
T175 北京西-青海
K269 北京西-洛阳
T62 昆明-北京西
T176 西宁西-北京西
T76 兰州-北京西
3
3候车室
治理雾霾的关键：一减煤；二控车；三降尘。
我们该采取哪些措施治理雾霾呢？
出行尽量乘坐地铁、轻轨等公共交通工具。
国务院出台治理大气污染的十条措施
西电东送、西气东输工程可有效减少燃煤消耗。

西气东输工程投产10年已累计输送天然气1800亿立方米，可替代燃煤2.3亿吨，相应减少的碳排放量相当于每年造出一个小兴安岭林地。建设“美丽中国”，从解决雾霾开始！

拓展与应用

1. 国家提出了建设“美丽中国”战略，想想我们数学可以为治理雾霾做出哪些贡献。

2. 拓展阅读：世界上第一部空气污染防治法案的诞生。

世界上首部空气污染防治法案诞生于英国，但它的出台却是以极为昂贵的生命代价换取的。1952年12月，潮湿有雾的空气停滞在伦敦城上空，工厂和住户烟囱排放出的大量烟尘废物不断在大气积聚，浓厚烟雾在全城弥漫多日不散，最终导致两个月内，12000人死于呼吸系统疾病，更有无数人罹患支气管炎、冠心病、肺结核乃至癌症，这一事件后来被称为“英国伦敦烟雾事件”，成为20世纪十大环境公害事件之一。

四年后的1956年，英国制定了世界上第一部空气污染防治法案——《清洁空气法》。针对燃煤污染，《清洁空气法》首先规定在英国境内设立无烟区，无烟区中只允许使用无烟燃料。

15 可怕的白色污染

好脏，真恶心！
农贸市场、超市等地方的塑料袋使用量非常大！
白色污染，已成为继水污染、大气污染之后的第三大社会公害。
上次我外出旅游时看见公路旁也有好多塑料垃圾。

“白色污染”是人们对难降解的塑料垃圾（多酯塑料袋）污染环境现象的一种形象称谓。

阿姨，你们一天要用多少个塑料袋呀？
像我们这样的中型超市每天大约要用10000个塑料袋。
伯伯，这个农贸市场有多少个摊位？每个摊位一天要用多少个塑料袋呢？
这个农贸市场有300个摊位，一个摊位每天大约要用100个塑料袋。
放心快餐
阿姨，餐馆打包每天要用多少个塑料袋？
一般在300个左右。

天天所在的城市人口约50万，他们调查了部分商铺及家庭使用塑料袋的情况，调查数据令人吃惊！

部分商铺一天使用塑料袋情况统计表

商铺	日用量（个）
欣欣超市（中型）	10000
宽巷农贸市场	30000
快餐店	300
洗衣店	20
服装店	25
杂货店	85
书店	350
文具店	98
……	

相关家庭一周丢弃塑料袋情况统计表

家庭	数量（个）
天天家	17
天天爷爷家	18
天天姥姥家	14
波波家	27
波波奶奶家	21
波波小姨家	13
妮妮家	16
妮妮爷爷家	17
妮妮表姐家	18
妮妮伯父家	19

我国每天仅买菜就用了10亿个塑料袋，其他情况下使用塑料袋在20亿个以上。

中国是塑料的消费大国，2008年消费量已超过6000万吨，约占世界塑料消费总量的五分之一还多；人均消费46千克，超过国际40千克的平均水平。
我买的玩具很多是用塑料做的。
我们家用的桶、面盆、凳子也是塑料制品。
塑料制品方便了人们的生活，但也带来严重的环境问题。

我国13亿人如果每人用1个塑料袋，13亿个塑料袋平铺开的面积和天安门广场比谁大呢？
天安门广场总面积为44万平方米。
哇，我算了算，13亿个塑料袋平铺开大约有177个天安门广场那么大。

估计是远处的垃圾场污染了水源。
什么味道？好臭哦！
看，河面上漂浮着好多死鱼及塑料袋。

白色污染在自然条件下经过100～200年也不腐烂，对环境的破坏极大，侵占土地，污染空气、水源，为老鼠、蚊蝇等有害生物提供栖息和繁殖场所。

我们该怎样处理废弃塑料呢？
焚化车间
垃圾回收处理厂
对废旧塑料垃圾的处理方法有填埋、限制使用、强制回收利用等。但回收利用应该在废旧塑料包装物进入垃圾箱之前就分类存放。

怎样才能减少白色污染呢？
像爱尔兰等国家一样对购物塑料袋征税。
可重复使用塑料袋，直到不能用为止。

拓展与应用

1. 统计自己家里一周使用塑料袋的情况并制成统计表。

2. 世界各国对购物塑料袋的使用有何规定？

3. 通过查资料、实地调查等方式，了解本地区目前废塑料的再利用率大约是多少。

16 不和谐的城市交响乐

环境监测报告显示，全国有近 $\frac{2}{3}$ 的城市居民在噪声超标的环境中生活和工作。在一些一线城市噪声污染投诉事件约占环境污染投诉总量的60%～70%。

城市噪声构成图

那城市噪声标准是怎么划分的呢？

城市5类环境噪声标准值

类别	昼间（分贝）	夜间（分贝）
0类	50	40
1类	55	45
2类	60	50
3类	65	55
4类	70	55

噪声的单位是分贝，用字母dB表示。分贝数越大表示所发出的声音越大，每增加10分贝，则声音大小约是原来的10倍。

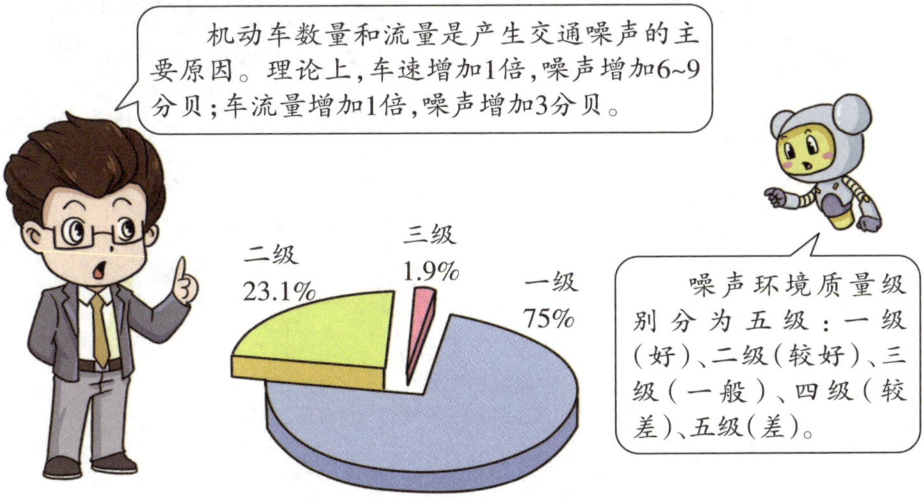
机动车数量和流量是产生交通噪声的主要原因。理论上，车速增加1倍，噪声增加6~9分贝；车流量增加1倍，噪声增加3分贝。
噪声环境质量级别分为五级：一级（好）、二级（较好）、三级（一般）、四级（较差）、五级（差）。
二级 23.1%
三级 1.9%
一级 75%

2012年全国城市道路交通声环境质量级别比例

那公共汽车等常用交通工具发出的声音有多少分贝呢？

部分机动车辆产生的噪声情况

车辆类型	噪声(分贝)
载重卡车	92~100
公共汽车	80~96
摩托车	88~89
无轨电车	76~90

人耳对声音的承受限度(单位:分贝)
无法忍受:130～150　感到疼痛:110～130
很吵:70～110　较静:50～70
安静:30～50　极静:10～30
94.7分贝。
难怪在地铁站感觉这么吵！

适合人类生存的最佳声音环境为15至45分贝，而60分贝以上的声音就会干扰人们的正常生活和工作。

目前全国有16%的居民住在道路两边，有约3400万人受到影响。其中约2700万人生活在白天平均声级超过70分贝、夜间超过55分贝的环境中。
噪声是人类身心健康的隐形杀手！
受交通噪声影响的人真不少！

我们该怎么预防噪声污染呢?
禁鸣、限速也可以减少交通噪声污染。
控制噪声源可有效减少噪声污染!
道路旁加装隔音装置可减少噪声污染。

拓展与应用

1. 某路段平常车流量约为1000辆/时，高峰时约3000辆/时，你能够算出高峰时噪声增加了多少分贝吗?

2. 请举出来源于自己家里的生活噪声。

3. 你知道城市5类噪声标准适用的区域吗?

17 慢慢上学路

这里经常堵车。
糟了，又堵车了，今天上学要迟到啦！
1路
早上8:00~9:00上学、上班的人多，形成车流高峰期。

据统计，我国平均每位市民每年约有1个月（30天）是被堵在路上的。北京市2010年居民出行因拥堵受影响的人数平均每天达1381.8万人次。

这么宽的马路，怎么会堵车呢？
我们去调查一下吧。

我这里有一份交警叔叔的记录资料。

××路口车流量和道路通行情况统计表

记录时间	通行方向	车流量(辆)	拥堵情况
6:40~6:50	南→北	103	非常畅通
	北→南	125	非常畅通
8:11~8:20	南→北	398	拥堵
	北→南	458	拥堵
10:31~10:40	南→北	218	畅通
	北→南	234	畅通

8:11~8:20这段时间的车流量最大。

按照这样的车流量，我们早上8:00~9:00从北到南上学，这段时间的车流量是：458×6=2748(辆/时)。

堵车时段的车流量约是畅通时段的2倍，有时甚至更多，超过了道路的交通负荷。

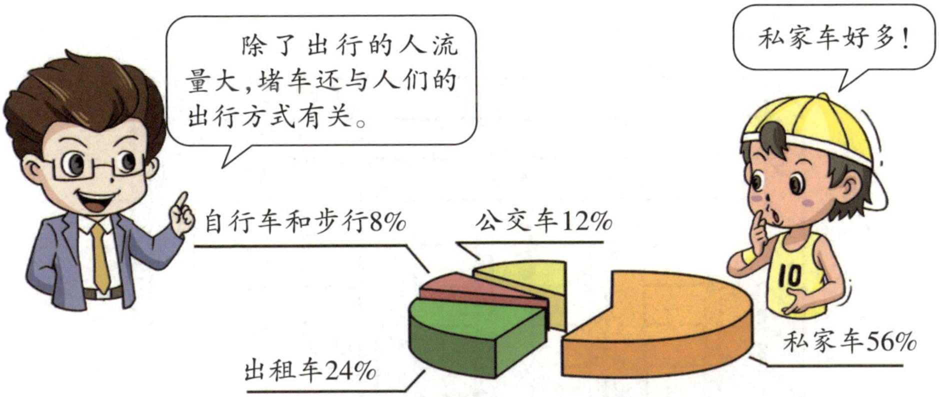
除了出行的人流量大，堵车还与人们的出行方式有关。
私家车好多！
自行车和步行8%
公交车12%
私家车56%
出租车24%
10

妮妮居住小区居民出行方式统计图

一辆公交车大约能乘坐50人，私家车最多能乘坐5人，公交车和私家车的载人比例约是10∶1，很多时候私家车出行，1辆车只有1个人，这样公交车和私家车的载人比例约为50∶1。

堵车还与道路的饱和度有关，饱和度大于1时就会堵车。
什么是饱和度？
城市道路饱和度=每时实际通行量÷每时允许最大通行量。

某路段的允许最大通行量是1000辆/时，某一时段实际通行量是1800辆/时，这条路段在这个时段的饱和度就是1800÷1000=1.8，道路很拥堵。

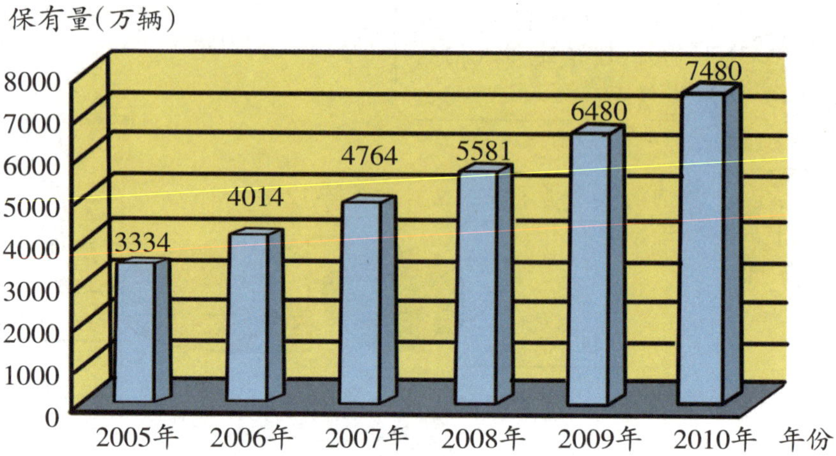

全球汽车保有量统计图

到2025年，地球上的汽车将增加1倍，但是城市道路不可能增加1倍，全球化的大拥堵很快就会来临。

我国城市居民每天上班时间比欧洲多288亿分，合4.8亿时，每天损失近10亿元人民币。

为缓解城市交通拥堵，各地政府采取了扩建道路、发展公共交通等措施，改善城市交通状况。如2013年重庆已建成了4条轨道交通线，最高客运量达148万人次/日，平均客运量达109万人次/日，有效缓解了主城区的交通拥堵。

拓展与应用

1. 据统计，1辆公交车和1辆小汽车的载人比例为10∶1~50∶1。小朋友，根据这些信息你能想出哪些办法缓解交通拥堵？

2. 小朋友，面对城市的交通环境，你还有哪些治理交通拥堵的办法？查查资料，和家长、老师、同学交流一下。

参考答案

16. 不和谐的城市交响乐

1. 9分贝。

18 舒适的小区环境

枫桥小区占地面积约15万平方米，建筑面积约33.6万平方米，绿化面积近7.5万平方米。
哇，好漂亮！
呵呵！是吗？
空气清新，真舒服！

佳苑小区建于本世纪初，占地面积约1万平方米，建筑面积约4.2万平方米，绿化面积约1500平方米。
你们小区是几年前修建的，怎能这样比呢？
唉，我们小区就差远了！

为什么这里比我们住的小区要舒适呢？
难道和小区绿化有关？

不管是小区还是城市，容积率越低，绿化率越高，环境就越舒适，空气质量就越好！
是吗？
对，绿化对去除空气污染物的作用十分明显。

2000~2010年北京市空气质量与相关绿化指标			
年份	空气质量二级及以上天数(天)	人均公园绿地面积(平方米)	城市绿化覆盖率(%)
2000	177	9.66	36.50
2001	185	10.07	38.78
2002	203	10.66	40.57
2003	224	11.43	40.87
2004	229	11.45	41.91
2005	234	12.00	42.00
2006	241	12.00	42.50
2007	246	13.60	43.00
2008	274	13.60	43.50
2009	285	14.50	44.40
2010	286	15.00	45.00

注：数据来源2001~2011《北京统计年鉴》。

从表中可知，空气质量确实和绿化地有关！

什么是绿地率和容积率？
"绿地率"是指建设用地范围内的绿地面积与占地总面积的比；"容积率"是指建筑总面积与建设用地面积的比。

容积率=建筑总面积÷占地总面积；绿地率=绿地总面积÷占地总面积×100%。

波波、妮妮，你们小区的容积率和绿地率各是多少呢？
哈哈！佳苑小区的我算出来了！
容积率：4.2÷1=4.2，
绿地率：0.15÷1×100%=15%。
枫桥小区的我也算出来了！
容积率：33.6÷15=2.24，
绿地率：7.5÷15×100%=50%。

一个良好的居住小区，高层住宅容积率应不超过5，多层住宅应不超过2；绿化率应不低于30%。

还有其他改善小区环境，提高空气质量的办法吗？
实行人车分流，小区车辆从地下车库通行。
还可修建人工池塘、流动水渠等。
修建游泳池！

拓展与应用

1. 调查自己居住的小区环境现状，计算出容积率、绿化率，并就改善小区环境给物管提合理化建议。

2. 你知道吗？

福建土楼以其历史悠久、种类繁多、规模宏大、结构奇巧、功能齐全、内涵丰富著称，被誉为“东方古城堡”“世界建筑奇葩”“世界上独一无二的、神话般的山区建筑模式”。仅福建永定县就拥有土楼23000多座，其中洪坑土楼群、初溪土楼群、高北土楼群、衍香楼、振福楼被列入《世界文化遗产名录》。聚族而居的福建土楼是个丰富多彩的小社会。永定承启楼拥有384个房间，最多时曾住过800多人。

北京四合院是北京人世代居住的主要建筑形式，它作为中国传统居住建筑的典范，驰名中外。因为院落为东、西、南、北四面房子围合起来形成的内院式住宅，老北京人把这种四四方方或者是长方形的院落称为四合房。据统计，在过去的50年里，老北京80%的四合院消失了。北京现在还存有约2000座四合院，其中600多座已经被挂牌保护。

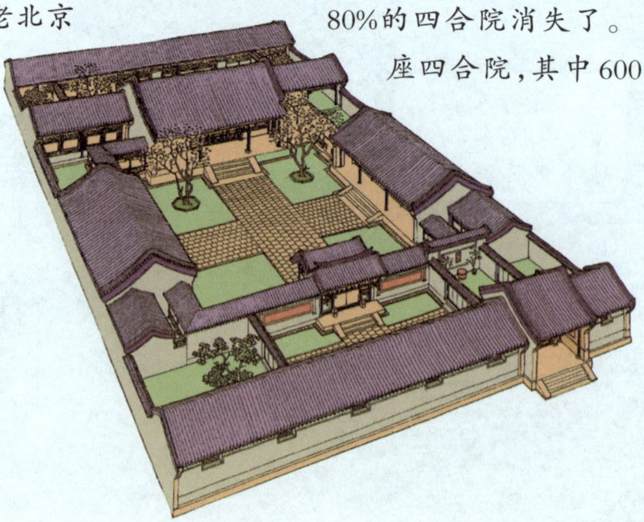